# TABLEAUX
## Modernes

# COLLECTION

DE

# Monsieur E. O...

PARIS — 1897

PARIS. — IMPRIMERIE GEORGES PETIT

12, RUE GODOT-DE-MAUROI. 12

# Tableaux Modernes

## ET DESSINS

PARIS — IMPRIMERIE GEORGES PETIT

12. RUE GODOT-DE-MAUROI. 12

# CATALOGUE

DE

# Tableaux Modernes

## ET DESSINS

PAR

BAYARD, CHRÉTIEN, COURBET, COROT
DAUBIGNY, DUEZ.
JULES DUPRÉ, FEYEN-PERRIN,
HENNER, CHARLES JACQUE, MOLS. DE NEUVILLE
HENRI PILLE, RENOIR,
RIBOT, ROY, ROYBET, TROUILLEBERT
VEYRASSAT, VOLLON. WEBER

COMPOSANT LA

# COLLECTION DE M. E. O...

ET DONT LA VENTE AURA LIEU

## HOTEL DROUOT, SALLE N° 10

## Le Mardi 11 Mai 1897

A 3 HEURES ET DEMIE

| COMMISSAIRE-PRISEUR | EXPERTS |
|---|---|
| Mᵉ PAUL CHEVALLIER | MM. BERNHEIM JEUNE et FILS |
| 10, rue Grange-Batelière, 10 | 8, r. Laffitte et 16, av. de l'Opéra |

## EXPOSITION

Le Lundi 10 Mai 1897, de 1 heure et demie à 5 heures et demie

# CONDITIONS DE LA VENTE

Elle sera faite au comptant.

Les acquéreurs paieront *cinq pour cent* en sus des adjudications.

# TABLEAUX

---

## BAYARD

N° 1

*La Queue de la poële.*

Dessin original ayant servi à la couverture du *Figaro Illustré*.

2

# CHRÉTIEN (R.)

N° 2

## *Nature morte.*

Haut., 56 cent.; larg., 46 cent.

# COURBET

## N° 3

## *Le Casseur de pierres.*

Il est vêtu d'un pantalon bleu, d'une chemise blanche et coiffé d'un chapeau de paille. Il est assis et mange. Devant lui un panier de provisions et une bouteille.

Première idée du tableau célèbre.

Signé à droite.

Haut., 46 cent.; larg., 55 cent.

# COURBET

Genre de

N° 4

## La Remise aux Chevreuils.

Toile. Haut., 32 cent.; larg., 40 cent.

# COURBET

Nº 5

## *La Vallée d'Ornans.*

Signé à gauche.

Haut.. 65 cent.: larg., 81 cent.

# COROT

## N° 6

### *Les Chênes.*

A l'ombre de trois grands chênes, un homme est assis et parait plongé dans la lecture d'un livre. A droite, on aperçoit un massif de feuillage, et à gauche, en arrière du personnage, une construction de profile sur un ciel délicat.

Œuvre importante.

*Deuxième vente Faure.*

Catalogué sous le nom : *Lemoine*

Signé à gauche.

Haut.. 97 cent.; larg.. 76 cent.

# DAUBIGNY

## N° 7

## *Sous Bois.*

Un groupe de bouleaux s'élève vers le milieu du tableau. Le ciel est clair et la lumière se joue à travers le feuillage des arbres.

Au fond, on aperçoit la lisière de la forêt.

Au premier plan et à gauche, un fagotier est accroupi ; plus loin, un homme s'éloigne.

Signé à gauche.

Haut., 1 m.; larg., 74 cent.

# DUEZ

## N° 8

## *Jeune Femme décolletée.*

**Signé** à droite.

Haut., 22 cent.; larg.. 17 cent.

# DUPRÉ (JULES)

N° 9

## *Environs de Cayeux.*

A gauche, des chaumières entourées d'arbres courbés par la rafale. A droite, la plaine qui s'étend. Le ciel est chargé et les nuages roulent avec violence.

Signé à droite.

Haut., 32 cent.; larg., 52 cent.

# DUPRÉ (Jules)

## N° 16

## *La Saulaie.*

Un pecheur dans sa barque prépare ses filets. La lune se joue dans les eaux qui reflètent le feuillage appauvri des arbres. A gauche, sur un monticule, une maison. Le ciel est d'une grande pureté et de légers nuages s'y détachent. La lune emplit de sa douce clarté ce paysage. Œuvre d'un charme pénétrant et d'une maîtrise délicate. Tableau de la belle époque du maître.

**Signée à gauche.**

Haut., 75 cent.; larg., 60 cent.

# FEYEN-PERRIN

## N° 11

## *Femme de Cancale.*

Signé à droite.

Haut.. 75 cent.; larg.. 53 cent.

# FEYEN-PERRIN

## N° 12

### *Marchandes de poissons.*

Signé à droite.

Haut., 93 cent.; larg., 73 cent.

# FEYEN-PERRIN

## N° 13

### *Vanneuses à Cancale.*

Signé à gauche.

Haut., 93 cént.; larg., 73 cent.

# HENNER

N° 14

## *Jeune Femme, vue de face.*

Signé à gauche.

Haut.. 27 cent.; larg.. 21 cent.

# HENNER

## N° 15

## *Tête de Jeune Femme.*

Signé à gauche.

Bois.

Haut.. 27 cent.; larg., 21 cent.

# JACQUE (Ch.)

## N° 16

### *Deux Moutons.*

Signé à droite.

Haut., 9 cent.; larg., 11 cent.

# MOLS (ROBERT)

N° 17

*Fleurs.*

Haut., 37 cent.; larg., 27 cent.

# MOLS (ROBERT)

### N° 18

## *Nature morte.*

Haut., 72 cent.; larg., 1 m. 09.

# DE NEUVILLE

## N° 19

*Étude de soldats. Fantassins et cava-*
*liers.*

Plume.

# PILLE (Henri)

## N° 20

## *Le Coup de l'Étrier.*

Plume.

Haut., 62 cent.; larg., 47 cent.

# RENOIR

N° 21

## *Vue de Venise.*

Signé à droite.

Haut., 55 cent.; larg., 65 cent.

# RIBOT (Th.)

## N° 22

## *L'Aveugle et don Gusman d'Alfarache.*

Un vieillard à la tête énergique, à la longue barbe
blanche, coiffé d'un foulard blanc, sur lequel un
feutre noir artistement posé tranche avec violence:
est assis.

Il a déposé entre ses genoux un pot en faïence
verte, qu'il maintient de ses deux mains.

Il a chaud et tandis qu'il compte pouvoir se dé-
saltérer plus tard avec la boisson rafraîchissante, le
gamin, se jouant de l'aveugle, a vidé le pot à l'aide
d'un chalumeau.

Signé à gauche.

Haut., 93 cent.; larg., 74 cent.

# RIBOT (Th.)

N° 23

## *La Dictée.*

Signé à droite.

Haut., 46 cent.; larg., 38 cent.

# ROY

N" 24

*Zouaves au campement.*

Signé à droite.

Haut., 25 cent.: larg., 35 cent.

# ROYBET

## N° 25

## *La Surprise.*

Un seigneur vêtu de gris et vu de profil, tenant
un bouquet dissimulé derrière lui, se dirige vers une
jeune femme que l'on aperçoit dans le fond.

Signé à gauche.

Haut.. 44 cent.; larg.. 40 cent.

# ROYBET

## N° 26

## *Le Mousquetaire*.

Il est appuyé contre une fenêtre et tient dans sa main une épée.

Vu à mi-corps.

Signé à droite.

Haut., 40 cent.; larg., 25 cent.

# ROYBET

## N° 27

## *Le Guitariste.*

Il est debout et vu de profil. Il est revêtu d'une cape grise, laissant entrevoir un col blanc et une veste rouge. Sa guitare est attachée à l'épaule par une corde, et de sa main il maintient l'instrument.

Joli tableau, d'une belle facture.

Signé à droite.

Haut., 40 cent.; larg., 25 cent.

# TROUILLEBERT

N° 28

## *Sous Bois.*

Signé à droite.

Haut., 55 cent.; larg.. 46 cent.

# VEYRASSAT

## N° 29

## *Cavaliers Arabes.*

Signé à gauche.

Haut., 20 cent.; larg., 25 cent.

# VEYRASSAT

## N° 30

## *La Moisson.*

Sur une meule, des moissonneurs sont montés et chargent une voiture attelée de trois chevaux. Dans le fond, on aperçoit les champs où d'autres voitures sont chargées. A droite, un arbre, et en arrière une maison entourée de murs. Très joli petit tableau d'une admirable qualité.

Signé à gauche.

Haut., 23 cent.; larg., 40 cent.

# VOLLON (A.)

## N° 31

## *Homard et orfèvreries.*

Sur une table recouverte d'un riche tapis, un ho-
mard, un plat d'huîtres, une cafetière en argent, un
sucrier, un gobelet en or et des crevettes. Le tout
groupé avec art.

Signé à droite.

Haut., 55 cent.; larg.. 66 cent.

# WEBER (Th.)

### N° 32

## *Marine.*

Signé à droite

Haut., 28 cent.; larg., 20 cent.

### N° 33

## *Deux peintures sur porcelaine.*

### N° 34

## *Panneau chinois.*

9 782329 547923